Vorwort

Wir freuen uns, dass du da bist! Mehr pflanzenbasierte Lebensmittel zu essen, ist ein Gewinn für die Umwelt, die Tiere, die globale und oft auch für die persönliche Gesundheit. Denn eines wissen wir mit Sicherheit: kleine Veränderungen in der Ernährung können eine sehr große Wirkung in der Welt haben.

Pflanzenbasierte Lebensmittel benötigen in der Herstellung weniger Fläche, Wasser und Energie, und wenn sich jede*r ausschließlich pflanzenbasiert ernähren würde, könnten wir der Natur 75 % der derzeitigen Anbauflächen zurückgeben, weiterhin eine wachsende Bevölkerung ernähren und unsere Klimabilanz verbessern.

Vielleicht ist es die Liebe zu Tieren, die dich dazu gebracht hat, die Lebensmittel, die du zu dir nimmst, zu überdenken. Schließlich ist ein Schwein, wie ein Hund oder eine Katze, ein Lebewesen, und die meisten von uns – egal, wie wir uns ernähren – sind der Meinung, dass Massentierhaltung abgeschafft werden muss.

Vielleicht bist du hier, weil du dich wegen zukünftiger Pandemien oder Antibiotikaresistenzen sorgst, oder vielleicht hast du einige der unglaublichen Health Stories gehört, die sich auf eine vegane Ernährung zurückführen lassen, und möchtest herausfinden, wie eine Umstellung zu veganer Ernährung dir helfen kann.

Was auch immer deine Gründe sein mögen, wir hoffen, dass du dieses Kartenset praktisch, informativ und inspirierend findest. Und jetzt: viel Spaß!

VEGANUARY

Und so geht's...

Okay, du interessierst dich also für eine vegane Lebensweise... aber was jetzt? Wie ernährt man sich rein pflanzenbasiert, und wie kann dir dieses Kartenset dabei helfen? Nun, kein Mensch ist wie der andere, und jede*r muss seinen eigenen Weg finden. Manche arbeiten sich Stück für Stück vor, während andere direkt in die Vollen gehen. Aber wie auch immer dein Ansatz aussehen mag, Veganuary hat schon Millionen von Menschen dabei geholfen, den ersten Schritt zu wagen. Wir hoffen, dass wir auch dich dabei unterstützen können!

SCHRITT 1: DIE PLANUNG

Es ist wichtig, dir ein wenig Zeit zu nehmen und über die Lebensmittel nachzudenken, die du isst, und wie du diese auf dem Weg zu einer pflanzenbasierten Ernährung ersetzt. Wirf einen Blick in deine Schränke und deinen Kühlschrank und mach eine Bestandsaufnahme der Lebensmittel, die bereits vegan sind, wie Nudeln, Reis, Gemüsebrühwürfel, Bohnen, Säfte, Brot und Erdnussbutter. Überlege nun, welche Produkte du ersetzen musst. Für die meisten – wie Käse, Wurst, Milch, Fisch, Joghurt, Eiscreme und Kuchen – gibt es in den Supermärkten längst eine große Auswahl an pflanzenbasierten Alternativen. Auch im Internet findest du Millionen von veganen Rezepten.

Die Karten, die dich bei diesem Schritt begleiten, sind die *Denke vegan*-Karten, die viele Tipps enthalten, die dir helfen werden, dich auf dieses neue Abenteuer vorzubereiten.

SCHRITT 2: TU ES!

Jetzt kannst du loslegen! Wir empfehlen dir, dich als Erstes bei Veganuary.com anzumelden. So erhältst du täglich eine Coaching-Mail voller nützlicher Informationen, Einkaufstipps, Rezepte und Kochtipps. Obwohl die meisten Menschen im Januar teilnehmen, ist eine Teilnahme das ganze Jahr möglich. Du kannst also anfangen, wann immer du dich bereit fühlst.

Sieh dir bei diesem Schritt die *Iss vegan*-Karten an. Hier erfährst du alles, was mit Essen zu tun hat: von Ideen für Mahlzeiten über auswärts essen gehen bis hin zum Umgang mit den Dingen, die du vielleicht vermissen wirst.

SCHRITT 3: BLEIB AM BALL!

Ob du nun versuchen möchtest, dich für eine Woche, einen Monat oder für immer vegan zu ernähren, es gibt Zeiten, in denen man in einer überwiegend nicht-veganen Welt ins Wanken gerät. Das haben wir alle schon erlebt. Deshalb haben wir die *Lebe vegan*-Karten konzipiert, um dich zu inspirieren. Lass dich von den weisen Worten einiger unserer Freund*innen und Unterstützer*innen motivieren und führen.

Du kannst die Karten der Reihe nach durchgehen, während du dich vorbereitest, dann den ersten Schritt wagen und dich entspannt treiben lassen. Oder, wenn du dich einfach ins kalte Wasser stürzen möchtest, die Karten zufällig durchblättern und sehen, was passiert. Letzten Endes ist es deine Reise, und welchen Weg auch immer du wählst, es wird der richtige sein.

Nährstoffe: Die Kurzfassung

Um eines direkt vorwegzunehmen: ja, es ist möglich (und überhaupt nicht schwierig), mit einer rein veganen Ernährung alle notwendigen Nährstoffe zu erhalten. Man kann es aber auch falsch machen. Wer sich nur von Kartoffelchips, Kuchen und Schokolade ernährt – ob vegan oder nicht –, wird schnell unter einem Nährstoffmangel leiden und seine Gesundheit aufs Spiel setzen. Nutzen wir also die Gelegenheit, über die wichtigsten Nährstoffe zu sprechen, und wo wir sie uns herholen können. Allerdings beginnen wir hier nicht mit Proteinen, denn entgegen der landläufigen Meinung ist es erstaunlich schwer, an Proteinmangel zu leiden.

CALCIUM UND VITAMIN D

Wir benötigen Calcium für starke Knochen, ebenso wie Vitamin D, um es aufnehmen zu können, aber wir müssen keine Kuhmilch trinken, um es zu bekommen. Stattdessen können wir Bohnen essen (insbesondere Schwarze Bohnen, Kidney-Bohnen und Sojabohnen), Grünkohl, Mangold, Brunnenkresse, Okra, Brokkoli, Süßkartoffeln oder Kürbis. Wir können auch getrocknete Feigen und Mandeln snacken, mit Calcium angereicherten Tofu in unser Essen integrieren und Pflanzenmilch- und vegane Joghurtprodukte zu uns nehmen. Was Vitamin D angeht, ist Sonnenlicht unsere beste Quelle. Vielen Menschen fällt es jedoch schwer, sich (ungeachtet ihrer Ernährungsweise) mit ausreichend Vitamin D zu versorgen, vor allem im Winter, weshalb es Sinn macht, Pilze zu essen sowie angereicherte Lebensmittel wie Frühstücksflocken, vegane Butter oder Milch, oder ein Nahrungsergänzungsmittel zu nehmen.

EISEN

Wer sich rein pflanzenbasiert ernährt, läuft offenbar kein höheres Risiko, an Eisenmangel zu leiden, als diejenigen, die Fleisch essen. Es ist kein Problem für Veganer*innen, genügend Eisen aufzunehmen. Viele Frühstückscerealien sind mit Eisen angereichert, Haferflocken sind auch eine gute Quelle, ebenso Hülsenfrüchte wie Edamame, Linsen, Bohnen und Kichererbsen, aber auch Samen, getrocknete Früchte, Tofu, Tempeh, Quinoa oder dunkelgrünes Blattgemüse wie Brunnenkresse und Grünkohl, Mandeln, Paranüsse und dunkle Schokolade.

OMEGA-3

Die meisten Fettsäuren, die wir brauchen, stellt unser Körper selbst her. Zwei müssen wir allerdings über die Nahrung aufnehmen: Omega-6, was ganz einfach ist, und Omega-3, was schwieriger ist. Das liegt aber nicht daran, dass Omega-3 schwerer zu finden ist, sondern daran, dass Omega-6 und Omega-3 um dieselben Stoffwechselwege konkurrieren. Kleine Mengen Omega-3 finden sich in Nüssen, Samen, Sojamilch, Bohnen, Gemüse und Vollkorngetreide, die besten Quellen sind jedoch Blattgemüse (wie Rosenkohl, Grünkohl, Spinat und Blattsalat), Walnüsse, Rapsöl, gemahlene Leinsamen, Leinöl, Sojabohnen (Edamame) und Tofu. Eine wichtige Quelle für bestimmte Omega-3-Fettsäuren sind auch vegane Omega-3-Präparate auf Algenbasis: Auch Fische beziehen ihr Omega-3 aus Algen – Veganer*innen überspringen einfach den Mittelsfisch.

VITAMIN B12

Untersuchungen belegen, dass in Deutschland jede*r Zehnte zu wenig Vitamin B12 im Blut hat. Bei den über 65-Jährigen soll sogar jede*r Vierte betroffen sein – und das unabhängig von der Art der Ernährung. Wir brauchen also fast alle mehr B12. Es ist in tierischen Produkten enthalten, wird aber nicht von den Tieren selbst hergestellt, sondern von Bakterien, die in den Tieren leben. Da Veganer*innen jedoch keine Tiere – oder deren schlaue Bakterien – essen, müssen sie ihr B12 aus anderen Quellen beziehen, zum Beispiel aus Hefeextrakten, Hefeflocken, Frühstückscerealien und Pflanzenmilch, die mit B12 angereichert sind. Damit man nicht ständig mühselig alle Nährwerttabellen oder Zutatenlisten von Lebensmitteln durchforsten muss, lohnt es sich daher für jede*n Veganer*in, ein regelmäßiges B12-Präparat zu nehmen.

JOD

In westlichen Ländern beziehen Nicht-Veganer*innen den größten Teil ihres Jods neben jodiertem Salz aus Milchprodukten, wobei das Spurenelement nicht natürlich in diesen vorkommt. Tatsächlich gelangt Jod auch über jodhaltige Desinfektionsmittel, die auf den Kuheuter aufgetragen werden, beim Melkvorgang in die Milch. Gemüse und Obst enthalten zwar auch Jod, jedoch variiert der Jodgehalt je nach Bodenbeschaffenheit. Die zuverlässigste Jodquelle für Veganer*innen ist Seetang, wobei der Gehalt auch hier schwanken kann. Trotzdem solltest du ihn in deinen Speiseplan aufnehmen, wenn du den Geschmack magst, oder Jodsalz verwenden. Alternativ kann auch ein gutes Jodpräparat die richtige Entscheidung sein.

PROTEIN

Wie bereits erwähnt, ist es sehr schwer, an Eiweißmangel zu leiden, da Proteine in fast allen Lebensmitteln vorkommen, die wir zu uns nehmen. Wähle ganz einfach unter grünen Gemüsesorten (die Superstars sind Grünkohl, Brokkoli, Seetang und Erbsen), Bohnen und Hülsenfrüchten (Linsen, Lima-, Pinto- und Schwarze Bohnen), Produkten aus Bohnen (Falafel, Sojahack, Tofu), Reis, Nudeln, Quinoa, Bulgur und Nüssen (Paranüssen, Erdnüssen, Cashew-Nüssen, Mandeln, Pistazien, Pinienkernen, Walnüssen und Nussbutter) deine Favoriten aus.

Ein großartiges, proteinreiches Lebensmittel ist Seitan, das unglaubliche 30 g Eiweiß pro Portion enthält. Aber auch Nudeln, Kartoffeln und Gemüse enthalten viel Eiweiß – du brauchst dir also wirklich keine Sorgen zu machen. Kraftsportler*innen, die viele Proteine zu sich nehmen müssen, um Muskeln aufzubauen, können zusätzlich unter zahlreichen veganen Eiweißshakes wählen, die es auf dem Markt gibt.

Macht eine einzelne Person wirklich den Unterschied?

Auf jeden Fall. Durchschnittliche Fleischesser*innen konsumieren Tausende von Tieren in ihrem Leben, aber auch in der Milch- und Eierindustrie werden viele Tiere getötet. Wenn du dich heute entscheidest, diese Produkte nicht mehr zu essen, kannst du viele Leben retten. Es wird nicht die Tiere retten, die sich aktuell auf Bauern- und Schlachthöfen befinden, das ökonomische Prinzip ist jedoch denkbar einfach: wenn die Nachfrage sinkt, wird auch das Angebot sinken.

Wir schonen aber nicht nur das Leben von Tieren, wenn wir uns vegan ernähren, sondern reduzieren auch unsere lebensmittelbedingten CO_2-Emissionen um bis zu 73 %. Ebenso reduzieren wir auch den Land- und Wasserbedarf, was bedeutet, dass diese wertvollen Ressourcen gerechter mit wilden Tieren und anderen Menschen auf der ganzen Welt geteilt werden können. Für uns klingt das nach einem großen Unterschied.

Ist es nicht natürlich, Fleisch zu essen?

Was ist „natürlich“? Dass Küken nicht länger als sechs Wochen leben dürfen, Puten sich ohne menschliche Hilfe nicht mehr fortpflanzen können oder Kühe selektiv gezüchtet werden, um weit mehr Milch zu produzieren, als für ihre Gesundheit gut ist? Nutztiere werden künstlich befruchtet, müssen Verstümmelungen über sich ergehen lassen und werden selektiv gezüchtet, um mehr Nachwuchs zu erbringen oder um schneller an Gewicht zuzulegen – es sei denn, es handelt sich um Hühner, die für die Eierproduktion verwendet werden, oder Kühe, die zur Milchproduktion eingesetzt werden. In diesen Fällen werden die Tiere so gezüchtet, dass sie kein Gewicht zulegen, um Futter zu sparen. Sie bekommen Futtermittel, ihr Brutzyklus wird mittels Hormonbehandlungen manipuliert, und die Länge ihres Tages wird durch künstliche Beleuchtung bestimmt. Etwas weniger Natürliches als die Tierindustrie ist also nur schwer vorstellbar. Was die Menschen mit dieser Frage eher meinen, ist: Haben wir nicht schon immer regelmäßig Fleisch konsumiert? Und die Antwort auf diese Frage lautet: nein.

*Was wird aus den Landwirt*innen, wenn sich alle vegan ernähren?*

Die Landwirtschaft baut alle unsere Lebensmittel an: Weizen, Roggen und Dinkel für unser Brot und unsere Nudeln, aber auch Obst, Salat, Hülsenfrüchte, Nüsse, Kräuter, Gewürze und Gemüse. Sie baut alle Zutaten für unseren veganen Käse, unsere Pflanzenmilch und unsere Fleischersatzprodukte an. Und das werden sie auch weiterhin.

Landwirt*innen haben sich schon immer an Veränderungen angepasst. Sie sind es gewohnt, ihre Anbaumethoden zu ändern, um von Agrarsubventionen und Verbraucher*innenpräferenzen zu profitieren, oder sich neuen klimatischen Bedingungen anzupassen. Viele von ihnen haben bereits erkannt, dass sich die Welt verändert, und haben sich von der Tierhaltung ab- und dem reinen Anbau von Pflanzen zugewandt. Davon abgesehen können wir nicht weiter Fleisch kaufen, nur um einen Teil dieser Industrie am Leben zu erhalten. Täten wir das, würden wir weiter Kohle abbauen, statt erneuerbare Energie zu erzeugen, oder weiter Einwegartikel benutzen. Die Landwirtschaft ist wie jeder andere Wirtschaftszweig auch – sie floriert, weil wir ihre Produkte kaufen wollen, kann uns aber nicht vorschreiben, welche wir kaufen sollen.

Können Kinder vegan sein?

Ja, das können sie. Eine gut durchdachte vegane Ernährung eignet sich für alle Lebensphasen, einschließlich der Schwangerschaft, Stillzeit und Kindheit, und es gibt Millionen von Familien auf der ganzen Welt, die ihre Kinder vegan ernähren. Es gibt allerdings einige Dinge, die man wissen muss, und Entscheidungen, die getroffen werden müssen. Nicht nur darüber, was unsere Kinder essen sollen, sondern auch, wie viel wir ihnen sagen, und wann.

Die meisten Kinder wollen keine Tiere verletzen und haben einen ausgeprägten Gerechtigkeitssinn. Wenn sie also wüssten, wo das Fleisch herkommt und was Tiere durchmachen müssen, damit es auf ihrem Teller landet, würden viele, vielleicht sogar die meisten, nichts davon essen wollen. Zu den weiteren Lektionen einer veganen Ernährungs- und Lebensweise gehören Mitgefühl, das Einstehen für die richtige Sache, die Sorge um den Planeten und andere Menschen sowie das Teilen von Ressourcen – also alles Lektionen, die wir unseren Kindern ohnehin beibringen. Vegan zu sein bedeutet, diese Prinzipien wirklich zu leben. Und was die Ernährung selbst angeht, ist es notwendig, sich zu informieren und sicherzustellen, dass die Kleinen alle Nährstoffe bekommen, die sie brauchen, damit sie wachsen, sich entwickeln und fröhlich herumrennen können.

Ist es teuer, sich vegan zu ernähren?

Eine unabhängige Studie, die 2020 von Veganuary in Auftrag gegeben wurde, hat ergeben, dass pflanzenbasierte Mahlzeiten, die zu Hause zubereitet wurden, im Durchschnitt 40 % weniger kosten als Mahlzeiten mit Fisch oder Fleisch. Die Untersuchung wurde vom Marktforschungsunternehmen

Kantar durchgeführt, das die wöchentlichen Online-Mahlzeitenprotokolle von rund 11.000 Menschen in Großbritannien ausgewertet hat.

Kantar verfolgt auch kontinuierlich die Einkäufe von 30.000 Haushalten und fand heraus, dass vegane Haushalte im Durchschnitt 8 % weniger pro Einkauf ausgeben als nichtvegane Haushalte derselben Größe. Was vielleicht nicht sonderlich überraschend ist, wenn man bedenkt, wie teuer Fleisch oder Fisch sein kann.

Eine weitere unabhängige Studie, die Veganuary 2021 in Deutschland in Auftrag gab, verglich 20 Küchenklassiker in einer Zubereitungsart mit Tierprodukten und als rein pflanzliche Alternative miteinander. Darunter waren Gerichte wie Königsberger Klopse, Pizza Salami oder Rahmgeschnetzeltes mit Spätzle. Und auch hier zeigte sich, dass die veganisierten Lieblingsgerichte durchschnittlich günstiger abschneiden als die Varianten mit Tierprodukten. Wurden bestimmte Fleischalternativen wie Sojaschnetzel verwendet, betrug die Ersparnis sogar um bis zu 32 %!

Es stimmt zwar, dass die meisten veganen Milch- und Käsesorten teurer sind als die herkömmlichen Alternativen, aber insgesamt dürften die Kosten für den Wocheneinkauf dennoch niedriger ausfallen, da sich Veganer*innen mit saisonalem Gemüse und reichlich Vollkornprodukten eindecken, dafür aber Fleisch und Fisch im Regal lassen.

Weitere Informationen

Wenn du mehr über eine vegane Ernährungs- und Lebensweise oder andere damit in Zusammenhang stehende Themen erfahren möchtest, findest du hier einige Bücher, Filme und Podcasts.

BÜCHER

Tiere essen, von Jonathan Safran Foer: dieses Buch ist lebensverändernd! „Ergreifend, schrecklich, wunderbar, atemberaubend, originell. Eine brillante Synthese aus Argumenten, Wissenschaft und Erzählung. Eines der besten Bücher, das je zum Thema geschrieben wurde“, so die Literaturbeilage der Times.

Warum wir Hunde lieben, Schweine essen und Kühe anziehen, von Melanie Joy: eine Einführung der Psychologin und Veganaktivistin in den „Karnismus“ – eine Ideologie, die die Menschen dazu bringt, bestimmte Tierarten als Nahrung und andere als Freunde zu betrachten. Ein starkes, faszinierendes Buch.

How Not to Die, von Dr. Michael Greger: wissenschaftlich belegte Ernährungstipps zur Vorbeugung der häufigsten Krankheiten wie Herzerkrankungen, Brust- und Prostatakrebs und viele mehr.

Nourish, von Reshma Shah und Brenda Davies (auf Englisch): ein Muss für Eltern, die mehr darüber wissen möchten, wie man seine Kinder pflanzenbasiert ernährt.

FILME

Cowspiracy: Folge der Reise des Filmemachers Kip Anderson, der sich aufmacht, die Auswirkungen unserer Ernährungsgewohnheiten auf die Umwelt aufzudecken.

The Game Changers: Ein Film über Proteine, Stärke und Athletik.

Seaspiracy: Ein kraftvoller und alarmierender Blick auf die weit verbreitete Zerstörung mariner Ökosysteme und der Korruption im Herzen der Fischereiindustrie. Produziert von Kip Anderson.